MUNICH BOAZN
BAND 1: GIESING

recherchiert, getestet, fotografiert,
geschrieben und gestaltet
von

MAXIMILIAN
BILDHAUER

INHALT

EINLEITENDE WORTE
DES AUTORS

Boazn
Bayerischer Name für kleine Bierkneipen und Stehausschänke. In anderen Regionen z.B. Spelunke, Kaschemme, Beisl o. ä. genannt.

Stüberl
Bayerischer Name für eine kleine Kneipe, die einem zum zweiten Wohnzimmer geworden ist. Hier werden meist Kleinigkeiten zum Essen angeboten.

Liebe Leserinnen und Leser,

Wenn Sie dieses Büchlein in Ihren Händen halten, dann haben Sie es höchstwahrscheinlich geschafft, Sie sind in München angekommen. Entweder, Sie sind hier geboren worden und aufgewachsen, zugezogen, oder zu Besuch. Nun denn, herzlichen Glückwunsch oder Willkommen! Willkommen in der *„Weltstadt mit Herz“*, in der *„Stadt der Lebensfreude“*!
München gibt sich gerne als sympathisches Millionendorf, als eine Stadt, deren Bürger das Herz am rechten Fleck tragen, ein Ort, an dem man alles eine Nummer gemütlicher angeht und die alten Werte und Traditionen pflegt – hier ist ein Heimatgefühl noch möglich.
Nach Heimat sehnen sich in krisengebeutelten Zeiten wie diesen viele Menschen, und dieser Marzipantraum mit den freundlichen Frauentürmen vor blauer Alpenkulisse ist zu einem Sehnsuchtsort geworden, der den Traum von Heimat und Geborgenheit erfüllen kann. Und auf der Suche nach den letzten sicheren Kapitalanlagen findet man neben Gold nur noch Immobilien. Und welche Immobilien wären da besser geeignet, als jene der angeblich *„lebenswertesten Stadt der Welt“*?
Münchens Popularität hat ihre Schattenseiten. Die Stadt wird Viertel für Viertel einer radikalen Schönheitskur unterzogen, welche den alteingesessenen Bürgern übel

auf den Magen schlagen muss. Das Schreckgespenst der Gentrifizierung geistert durch die alten Arbeiter-quartiere. Das ist allerdings kein rein münchnerisches Phänomen, diese Sau wird gerade so ziemlich überall in der westlichen Welt durchs Dorf getrieben.

Die Begleiterscheinungen der Gentrifizierung sind stets dieselben: Ein meist eher heruntergekommenes Viertel zieht mit günstigen Mieten vor allem Studenten, Architekten, Künstler, Musiker und ähnliche an, kurz: die kreative Bohème. Die dazugehörigen Cafés und Lokale folgen, und ehe man sich's versieht, ist das Viertel plötzlich für die geldige Klientel interessant, denn in so einem Kosmos möchte jeder gerne leben. Ein Haus nach dem anderen wird verkauft und saniert; die Quadratmeterpreise explodieren, die alten Mieter müssen raus, neue Mieter, die es sich leisten können im neuen, angesagten Viertel der Stadt zu leben, ziehen ein.

Man scheut sich nicht, windige Mietskasernen aus der Nachkriegszeit aufzukaufen und die Mieten um zwanzig Prozent und mehr zu erhöhen – mit oder ohne Sanierung. Manchmal wird aber auch einfach komplett abgerissen, was bei Altbauten besonders in der Seele schmerzt, und gesichtslose Neubauten werden hochgezogen, die dann mit Begriffen wie *„exklusiv"*, *„Wohnkultur"* und *„Toplage"* vermarktet werden. Die neuen Mietpreise übersteigen die Möglichkeiten der bisher hier ansässigen Bewohner.

Der Aufschrei in der Bevölkerung ist groß, die Ohnmacht leider ebenfalls.
Politik kann keinem Menschen garantieren, dass er dort wo er geboren wurde und aufgewachsen ist, auch bleiben kann. So äußerte sich unlängst sinngemäß, wenn auch in einem anderen Kontext, der Münchner Oberbürgermeister Christian Ude. Traurig, aber wahr.

Nun wird sich der Leser aber die Frage stellen:

Was hat das alles mit Boazn zu tun,
wozu diese schwarzseherische Einleitung?

Nun, München gibt sich urig und krachledern, aber nur in den Broschüren und auf den Internetseiten für die Touristenscharen, für die man das Hofbräuhaus und Oktoberfest bereithält. Tatsächlich wird in dieser Stadt nach und nach alles Urige ausradiert, weil es als *„schäbig"*, *„asozial"* oder *„veraltet"* gilt – so wie die Boazn, Kneipen und Stüberl.
Freilich, weder die Stadt München noch der Freistaat Bayern führen einen konkreten Feldzug gegen diese *„Schandflecken"*, aber anstatt zu verhindern, dass diese letzten Enklaven bayerischer Kneipenkultur langsam aber sicher verschwinden, wird deren Untergang nur noch beschleunigt.

Das angeblich vom bayerischen Volke gewollte Gesetz zum Nichtraucherschutz haut vielen Boazn das Genick durch. Bier und Zigaretten gehören nun mal zusammen, zumindest hier, in dieser Welt. Altbauten verlieren ihren Denkmalschutz auf Betreiben der neuen Investoren und werden abgerissen, um einem schmucken Neubau Platz zu machen. Befindet sich ein Bierstüberl in einer solchen Immobilie, oder in einer, die das zweifelhafte Glück hatte, eine Sanierung über sich ergehen lassen zu dürfen, so ist das ihr sicheres Todesurteil.
Und nun holt die bayerische Politik zum nächsten Schwertstreich gegen Laster und Verwahrlosung aus: Die CSU befürwortet doch wirklich und wahrhaftig die Wiedereinführung der Sperrstunde, halleluja!

Was ist nur aus der vielgerühmten *Liberalitas Bavariae* geworden? Dem alten, bayerischen Prinzip von leben und leben lassen? Was kommt als nächstes? Vielleicht die Prohibition?

Ich bin in Untergiesing aufgewachsen, einem Viertel, das von der Gentrifizierung gerade mit ungebremster Wucht getroffen wird. Aus diesem Grund ist der erste Band der Reihe *Munich Boazn* auch Giesing gewidmet.
Auf die Idee für diesen Führer kam ich vor circa sieben Jahren. Das war eine Zeit, in der in Untergiesing an jeder

Ecke plötzlich Architekturbüros wie Pilze aus dem Boden schossen, aber man das alles noch gelassener als heute sah. Schließlich waren diese Schwammerl nur die Vorboten der Gentrifizierung, die zwar damals schon leise, aber noch nicht ernst zu nehmend an die Tür klopfte. Eine fatale Fehleinschätzung.
„Damals" war ich ein Teenager mit viel Freizeit und genoss die Vielfalt der Untergiesinger Kneipenlandschaft in vollen Zügen. Es war Liebe. Und da ich schon von jeher unter Dokumentationszwang litt, überredete ich eine Freundin, die eine Kamera besaß, mit mir an einem Nachmittag mal durch unser Viertel zu ziehen und sämtliche Boazn und Stüberl zu fotografieren. Ich wollte eine Art *„Szeneführer Untergiesing"* kreieren, aber das Projekt verlief sich im Sand, die Schulzeit ging vorüber und die Fotos verschwanden in der Versenkung.

Erst vorletztes Jahr, als mir der Artikel *„Die Münchner Boazn hat ein Nachwuchsproblem"* in der *Süddeutschen Zeitung* ins Auge sprang, wurden die Erinnerungen an mein altes Vorhaben wieder geweckt. Ich kramte die Fotos von damals raus und mir fiel mit Entsetzen auf, wie viele Kneipen und Boazn in dieser kurzen Zeit schon verschwunden waren: allen voran die zweite Heimat der Untergiesinger schlechthin, die *Burg Pilgersheim*. Des Weiteren zahllose Boazn wie z. B. *Pilgersheimer Klause*,

Bierdeifi, *Giesinger Garterl*, *Fuchsbau*, *Pferdehalfter*, *P48*, *Giesinger Heiwoog*, *Dubliner* oder *Hacker Krug*, dessen alte Kegelbahn allen Ernstes zu einer Diskothek ausgebaut wurde, der erste Club in Untergiesing überhaupt. Die Getränkepreise sind entsprechend.
Angesichts dieses Massensterbens blieb mir gar nichts anderes übrig, als sofort eine neue Bestandsaufnahme durchzuführen, aber diesmal intensiver, professioneller, mit Notizbuch und Kamera. Ich beschloss, dieses Buch zu schreiben.
Es soll ein Wegweiser zu Orten sein, wie sie eigentlich noch fast jeder in seiner Umgebung vor der Haustür hat, die er sich aber vielleicht nicht zu betreten traut. Doch genau dazu soll dieses Buch ermutigen. Wer vielleicht Besuch aus dem Ausland hat, sollte mit diesem nicht nur ins Hofbräuhaus gehen, sondern auch mal in die kleine Boazn um die Ecke, denn da offenbart sich die wahre, unverfälschte Seele der Münchner Bierkultur – das Hofbräuhaus in allen Ehren!

Es soll auch nicht nur ein Buch für Giesinger und all jene sein, die Giesing lieben, es soll alle Münchner und Gäste Münchens, egal in welchem Viertel sie zu Hause sind oder gastieren, daran erinnern, dass auch sie mit an Sicherheit grenzender Wahrscheinlichkeit noch ein kleines bayerisches Bierbiotop vor ihrer Nase haben.

Sie sollten dieses einmal beehren, bevor statt seiner die nächste Boutique oder der nächste Coffeeshop dort eröffnet. Die Uhr tickt, und wenn wir Münchner nicht endlich den Charme des Verbrauchten und Verruchten, des Schmutzigen und Zwielichtigen erkennen, wenn wir nicht begreifen, dass diese Elemente notwendig sind, um das soziale und auch kulturelle Gleichgewicht dieser Stadt zu erhalten, dann werden wir schon sehr bald in einer sterilen, schicken, makel- und gesichtslosen Geldstadt ohne Herz leben.
Oder wir ziehen weg, weil wir uns diesen Wahnsinn eh nicht mehr leisten können. Arrivederci, Lebensfreude.

In diesem Sinne: Ab in die nächste Boazn und PROST!

Herzlichst,
Max Bildhauer

ÜBERSICHTSPLAN VON GIESING

UM DEN KOLUMBUS-PLATZ

KAPITEL 1

ÜBERSICHTSPLAN

ORACAL®

Exhibition Cal

ZU
DEN
BOAZN

MAIBAUM STÜBERL

01

„Die Welt ist eine Muschel, und Untergiesing ist die Perle darin."

Ein Stüberl ist eine zweite Heimat, ein ausgelagertes Wohnzimmer, und es gibt wenige Orte, an denen man das so spürt, wie hier. Wirt Erich, gelernter Koch und der Legende nach auf einem Auge blind sowie auf einem Ohr taub, ist im Frühjahr 2012 verstorben. Seit Mai 2012 stehen hier nun zwei neue, engagierte Wirtsleute hinter der Theke, Chris und Martin. Ich bin sehr froh darüber, dass die beiden die Tradition des *Maibaumstüberls* fortsetzen, gute, preiswerte und vor allem liebevoll zubereitete Hausmannskost aufzutischen. Seit dem Wirtswechsel steht im *Stüberl* ein Nagelstock für die Freunde dieses rustikalen Trinkspiels mit dem Hammer. Die Bierbrauer von der kleinen *Giesinger* Brauerei nebenan schauen hier ebenfalls gern mal rein, und hoffentlich wird hier auch ihr süffiges *Giesinger Bräu* bald wieder ausgeschenkt.
Dass der Maibaum, der heute am Hans-Mielich-Platz steht, aufgestellt werden sollte, wurde übrigens 1979 hier beschlossen! Welch geschichtsträchtiger Ort.

Freibadstr. 6 Tel. 655052

Di – Sa 18:00 – o.e. ◆ Grandauer vom Fass 3,20 ◆ Wirt: Dieter

ZUM GRANDAUER FASSL

02

„Hallöchen, du bist ein Pistölchen."

Der Wirt, ein echtes Original vom Jahrgang 1933, trägt getönte Brillengläser und einen schneeweißen Schnurrbart. Er hat nach eigener Aussage *„scho immer a recht a freche Fotzn"* gehabt, und vor seinen Sprüchen muss man gewarnt sein! Das *Fassl* gibt's seit 1970, und seit damals hat sich am Interieur des Lokals wohl auch wenig geändert. Es ist recht duster, man sitzt hier gemütlich zwischen jeder Menge angestaubtem Bayernkitsch unter den Dächern der *„Almhütte"*, die ihm ein Spezl von den Bavaria Filmstudios reinzimmerte, und wenn man den Schönheitswettbewerb der Damen gewinnt, bekommt man sogar eine *„verträumte Marille"*, den guten Hausschnaps, spendiert. Kein Witz! Hut ab vor diesem Mann! Unterm Strich kann man sagen, dass das *Fassl* wirklich eine der besten Boazn Giesings ist, einziger Wermutstropfen ist der etwas happige Bierpreis.

BISTRO HARLEKIN
03

Betritt man das *Bistro Harlekin*, so meint man bei Ali Baba und den 40 Räubern gelandet zu sein: Von Wänden und Decken blitzen und schimmern Hunderte von Pokalen und Trophäen. Hier trainiert der Harlekin DC.
Wirt Peter, der sich selbst als *„lieben, großen Mann mit einem gesunden Misstrauen"* bezeichnet und außerdem gerne pikante Saucen an Gäste verleiht, kann bereits auf eine glanzvolle Karriere in der Welt des Profi-Darts zurückblicken. Seit 15 Jahren betreibt er nun schon das *Harlekin*, hier wurde im Jahre 2008 der Weltrekord im 24-Stunden-Dart aufgestellt, 2005 holten Peter und sein Harlekin DC sogar den Weltmeisterschaftspokal aus Las Vegas ins *Harlekin*. Da steht er nun, zwischen zwei Dartautomaten und unzähligen weiteren Pokalen.
Während meines Besuchs im *Harlekin* bekam ich Radi angeboten und mein Schnaps wurde in einem Miniaturweingläschen kredenzt.

Oefelestr. 15 ◆ Tel. 66676612 ◆ tägli

h 15:00 – o.e. Augustiner Flaschenbier 2,80 Wirt: Gianni

SPORTSBAR NO.15

04

Viel gibt es über die *Sportsbar No.15* nicht zu sagen, da sie zum fünf Meter entfernten *Zic-Zac* (S. 32) gehört. Wenn dort um 22 Uhr die Stühle hochgestellt werden, ziehen diejenigen, die noch nicht genug haben, einfach in die *Sportsbar No.15* um.

Das große Fenster zur Straße hin ist komplett mit einer nur von innen durchsichtigen Silberfolie bezogen, um neugierige Gaffer fernzuhalten. Die Decke ist mit glänzender Thermofolie verhängt.

Als ich in der *Sportsbar No.15* war, stand Maria hinter der Theke. Wenn ich sie richtig verstanden habe, ist sie die Schwester vom Wirt und führt einen persönlichen Kleinkrieg mit einer gegenüber wohnenden Nachbarin, die scheinbar in regelmäßigen Abständen wegen angeblicher Ruhestörung die Polizei ruft. Aber das ist in München ja leider Volkssport.

PILSBAR ZIC-ZAC

05

Im *Zic-Zac* ist das Publikum bunt gemischt, ein *„Multi-Kulti-Verein“* sei das hier, sagte mir Cetin, ein bayerisch sprechender Türke, der unlängst das *Augustiner Stüberl* in Obergiesing übernommen hat (S. 85).
Der Wirt Sladan ist Kroate, wird *„Gianni“* gerufen und betreibt im wahrsten Sinne des Wortes neben dem *Zic-Zac* noch die *Sportsbar No. 15*, welche sich im selben Haus befindet.
Die Räumlichkeiten des *Zic-Zac* beherbergten in den Fünfziger Jahren eine Metzgerei, später wurde daraus *Ingeborgs Almhütt'n*, dann der *Yaren-Imbiss* und seit 2008 ist nun das *Zic-Zac* drin.
Hier lernte ich das Würfelspiel *16-TOT* kennen.
Beim Gang auf die Herrentoilette: Vorsicht, Stufe!

Freibadstr. 1 Tel. 6518938

Di – So 16:00 – o.e. ◆ Flötzinger vom Fass 3,00 ◆ Wirt: Walter

BAR NO.1 BISTRO

06

Wirt Walter betreibt seine Boazn mit dem gewöhnungsbedürftigen Namen *Bar No. 1 Bistro* seit über 10 Jahren, davor hieß das hier *Seppi's Pub* und Walter hatte die *Kurfürstenschenke* in Schwabing. Soviel zur Historie.
Hier wird leidenschaftlich Dart gespielt, es gibt mehrere Dart-Gruppen mit lustigen Namen wie *Gambas I–III* oder *Die Waldameisen*. Die Namen der Dartautomaten stammen von den Namen der Hunde einzelner Spieler: *Jenny* und *Socke*.
Ich habe hier den Leberkas aus der Pfanne mit Bratkartoffeln probiert und muss sagen: großartig. So gute Bratkartoffeln bekommt man nicht alle Tage.

DOWN TOWN

07

„Ich bin die Wirtin. Geöffnet is', wenn ich das sag."

Das *Down Town* ist definitiv kein Lokal für zartbesaitete Zecher mit zu schwachen Nerven. Die dauerschlechtgelaunte Wirtin Lydia führt hier ein strenges Regiment, und wer hier aus der Reihe tanzt, wird ohne weitere Umschweife nach draußen befördert. Anscheinend sind die Öffnungszeiten des *Down Town* flexibel, Lydia wollte sich da auf Nachfrage nicht festlegen lassen. Sie ist hier seit sieben Jahren, davor betrieb sie zuammen mit Helga, der ehemaligen Wirtin vom *Zauberwürfel*, dem jetzigen *Tony's Stüberl* (S. 89), das *Con-Tact* in Obergiesing, dem heutigen *Herzog's* (S. 97).

Die Einrichtung im *Down Town* entspricht dem, was man sich in Deutschland unter *„typisch amerikanisch"* vorstellt. In anderen Boazn gab man mir den Tipp, mal am Wochenende ins *Down Town* zu gehen, da hat die Lydia frei und ihr Mann Pit (oder Pete?) steht hinter der Bar, der soll ein recht lustiger Kerl sein.

Humboldtstr. 20 ◆ Tel. Ø ◆ täglich durchg

hend geöffnet ◆ Augustiner Flaschenbier 2,80 ◆ Wirt: Pedro

EXTRAWURST

08

Die *Extrawurst* ist streng genommen eigentlich keine Boazn im klassischen Sinne. Wir haben es hier mit einer Imbissbude zu tun, die ihre Kundschaft hauptsächlich aus den umliegenden Boazn bezieht, und die bleibt dann auch noch gleich auf ein paar Bierchen hier. Das könnte aber auch an der Speisekarte der *Extrawurst* liegen, denn hier bekommt man Qualität (Fleisch und Wurst von Magnus Bauch!) zu erschwinglichen Preisen. Der Wirt heißt Pedro, aber ich hatte nie das Vergnügen, ihn kennenzulernen. Immer wenn ich auf einen Snack vorbeikam, stand Stefan am Herd, ehemaliger Profifußballer. Stefan erzählt dann, dass die Theke früher 79 Zigarettenbrandlöcher hatte, weil die Leute an der Bar immer eingepennt sind, mit der Kippe im Mund. Das waren aber noch andere Zeiten, damals hieß der Laden noch *Humboldt's 20* und war eine stinknormale Boazn ohne integrierten Imbiss, wenn man so will.

GIASINGA SCHLÜMPFE

09

„Schlümpfe sind immer blau!“

Marijan und Rosal betrieben fast zehn Jahre lang die kleine Kneipe in der Humboldtstraße. Bedauerlicherweise verstarb Marijan 2012, der neue Wirt ab März 2013 heißt Čelko. Eine Wandmalerei mit tanzenden Schlümpfen und einem Löwen, der gerade einen Bayernfan verspeist, könnte Aufschluss über den Ursprung des Namens geben.

Hinter der Bar hingen früher Setzkästen mit unzähligen Schlümpfen und andere Schlumpfdevotionalien, diese sind nun leider verschwunden. Aber die Jukebox gibt's noch, das ist ein Pluspunkt.Während meines Besuchs hat auch eine Giesinger Großfamilie hier einen Zwischenstopp eingelegt, das hat mich beeindruckt – eine familienfreundliche Boazn!

Schyrenplatz 2 ◆ Tel. Ø ◆ täglich 09:00 – 24:00

wetterabhängig) versch. Flaschenbiere 2,00 Wirt: André

MÜNCHENS ÄLTESTES STANDL

10

Münchens ältestes Standl ist nun wirklich kein Geheimtipp mehr. Seit über 150 Jahren steht es schon an der Wittelsbacherbrücke, beliebt bei allen, die sich gern an der Isar die Zeit vertreiben. Hier gibt's ein ausgesuchtes Biersortiment und diverse Snacks. Und die Würschtl vom Vortag gibt's zum halben Preis als Hundewurscht. Trotz allem hat das *Standl* mit seinen Bierbänken und den bierseligen Gesellen, die selbige von früh bis spät bevölkern, etwas von einer *Outdoorboazn*, und deshalb hat es auch seinen Weg in diesen Führer gefunden.
Am Tag meines Besuchs arbeitete hier die Bella. Sie war früher die Wirtin vom *P48*, eine gut laufende Boazn in der Pilgersheimer Straße, die schließen musste, weil sich zwei neue Mieter im Haus um ihre wohlverdiente Nachtruhe gebracht sahen. Aber das ist eine andere, traurige Geschichte.

ZUR HEX

11

„Lockere Zahnprothesen kann man problemlos mit Sekundenkleber wieder fixieren."

Früher, also vor über 30 Jahren, war die *Hex* ein Gemüseladen mit zwei Türen, so dass die Kundschaft bequem durchlaufen konnte. Später, als der Gemüseladen Geschichte war und es hier ums Biertrinken ging, erwiesen sich zwei Türen als eine zu viel. Um der Zechprellerei Einhalt zu gebieten, wurde eine der beiden Türen verrammelt. An ihrer Stelle befindet sich nun die große Sperrholzplatte mit der aufgemalten Hexe drauf, die man sieht, wenn man mit dem 52er Bus hier vorbeifährt.

Drinnen ist es lauschig, dämmrig und behaglich. Die wuchtige Holztheke erinnert an einen Schießstand, und über den Köpfen preisen Schilder Leberkäs und Würstl an, doch die Zeiten sind vorbei. Aufgrund zu geringer Nachfrage gibt's hier heute keine Schmankerln mehr. Den Namen hat die *Hex*, vormals *Hexenstub'n*, von ihrer ehemaligen Wirtin Roswitha bekommen, weil hier zeitweise mehr Frauen (=Hexen?) als Männer drinsaßen.

Streng genommen befindet sich die Kneipe schon in der Au, aber mei. Kleine Exkursionen schaden nicht.

UM DEN CANDIDPLATZ

KAPITEL 2

ÜBERSICHTSPLAN

ZU DEN BOAZN

ZUM GARTL
12

Dafür, dass ich diesen Geheimtip verrate, würde mich so mancher sicher gerne steinigen. Zum Beispiel die Kleingärtner der Gartenanlage am Rande der Isarauen, in deren idyllischer Mitte die Vereinsgaststätte *Zum Gartl* liegt. In diesem Sinne ist das *Gartl* also eigentlich keine Boazn, sondern eher eine Mini-Wirtschaft mit den zwei süßesten Wirtsleuten, die ich bis jetzt je kennengelernt habe. Aber wer schon Schorschi und Rosi heißt, kann nicht viel verkehrt machen.

Die beiden sind ein Pärchen älteren Semesters und Schorschi hat sich mit der kleinen Kneipe einen lang gehegten Lebenstraum erfüllt. Er kocht täglich zwei Gerichte, seine Rosi bäckt einen Kuchen. Eine kleine Speisekarte ist meist ein Indiz für gute Qualität, so auch hier!

Wer es sich in dem kleinen Biergarten bequem gemacht hat und im Blütenregen der nahen Kirschbäume seine Feierabendhalbe trinken darf, der hat das Paradies gefunden. Es ist hier, gut versteckt.

Schönstr. 21 ◆ Tel. 66616333 ◆ täg

ich 10:00 – o.e. ◆ Spaten vom Fass 2,90 ◆ Wirtin: Lore

KAISER STÜBERL
13

Rein optisch besticht das *Kaiser Stüberl* nicht gerade mit Charme, es ist recht düster, was an und für sich nichts Schlechtes ist, aber hier leider eher beklemmend als behaglich wirkt. Umso charmanter aber ist Lore, die freundliche Wirtin des *Kaiser Stüberls*, die bereits auf eine beachtenswerte Boazn-Karriere in Untergiesing zurückblicken kann:
Das *Maibaumstüberl* (S. 24), die *Bar No. 1 Bistro* (S. 35), das *P48* (R.I.P.), und das *Giesinger Garterl* (R.I.P.) lautet die stolze Liste der Kneipen, in denen sie schon hinter der Theke stand, ehe sie sich mit dem *Kaiser Stüberl* selbstständig machte. Täglich gibt's hier eine Suppe und ein Hauptgericht, im Sommer auch verschiedene Brotzeiten. Hier habe ich die Rindersuppe sowie die Milzwurst mit Bratkartoffeln gekostet, riesige Portionen, ausgezeichnet.

SCHÖN STÜBERL

14

„Cola vor dem Tanz,
hebt die Stimmung und den Schwung!“

Im schon über 40 Jahre alten *Schön-Stüberl* fühlte ich mich von der ersten Minute an wohl, der kleine Laden hält, was der Name verspricht. Im *Schön-Stüberl* ist es schön.

Der Wirt Hansi ist hinter seiner massiven Holzbar eine nicht minder massive Erscheinung: Solarium, Fitnessstudio und Vollglatze, ehemals Betreiber der Discothek *Millenium* in Schwabing. Nun ist er seit vier Jahren Wirt in Untergiesing, oder, wie ich hier lernte, *„Neuharlaching“*, wie das Gebiet jenseits des Candidplatzes neuerdings heißt.

Hier schloss ich auch mit Roland Bekanntschaft, einem sympathischen Gentleman, der, bevor er ein Bier bestellt, erstmal die Krawatte abnimmt und gefaltet auf der Theke ablegt. Na dann Prost!

Ludmillastr. 20a ◆ Tel. 0160-93164180 ◆ Mo – Sa 11:00 – 1

:00, 17:00 – 22:00 ◆ Spaten vom Fass 2,90 ◆ Wirtin: Johanna

LUDMILLA'S

15

Als das noch das *Flößer-Stüberl* war, ging's hier hoch her, das erzählte mir zumindest der unsympathische Gewohnheitstrinker, den ich hier antraf, ein Relikt der alten Stammkundschaft. Woanders hörte ich, dass es ein beliebter Treffpunkt für Lesben war.
In den letzten drei Jahren erlebte das Stüberl drei Pächterwechsel, war zwischendurch die *Final Bar* und ist heute das *Ludmilla's*. Wirtin Johanna ist eigentlich Angestellte, der tatsächliche Pächter ist der Automatenaufsteller. Johanna betreibt außerdem den *Treffpunkt bei Johanna* in Sendling (siehe *Munich Boazn Bd. 2*).

BIERSTÜBERL

16

„Und den Franz Josef Strauß, den habe ich ja zum Beispiel noch persönlich gekannt."

Das *Bierstüberl* ist einer jener Läden, wo man sich fragt, wie man es fertig bringen kann, soviel Flohmarktkrusch auf engstem Raum zu vereinen, ohne zu ersticken. Aber das muss schon so sein, das gehört zur Atmosphäre, und Inge, die resolute kleine Wirtin, die von den alten Stammgästen (und nur von denen) auch liebevoll *„Oma"* genannt werden darf, passt in diesen Laden, wie die Faust aufs Auge. Sie war 20 Jahre lang die Wirtin des *Weißbier Stüberls* eine Hausecke weiter, der heutigen *Bar... bajanni* (S. 63). Jetzt ist sie seit sechs Jahren hier, die Stammkundschaft ist gleich mit umgezogen.

Ein besonderes Highlight entdeckt man, wenn man sich durch den schmalen Schankbereich gezwängt hat und die kleine Treppe raufgeht: hier befindet sich noch tatsächlich ein kleines lauschiges Séparée mit Eckbank und Tischchen. Und am Sonntag gibt's Weißwürscht mit reschen Brezen. Was will man mehr?

Pilgersheimer Str. 70 ◆ Tel. Ø ◆ Di – So

18:00 – o.e. ◆ versch. Flaschenbiere 2,60 – 2,80 ◆ Wirt: Toni

BAR...
BAJANNI
17

„Wodka-Cola-Rüscherl, das ist Untergiesing!“

Der Wirt heißt Toni und als Zeichen seiner Seriosität trägt er immer Hemd.
Der Name *Bar... bajanni* geht auf ein Wortspiel zurück, das ich mir auch nach dem dritten Mal Erklären nicht merken konnte. Das kann aber auch an dem schier überwältigendem Bier-Sortiment des Hauses gelegen haben: *Augustiner, Tegernseer, Franziskaner, Tannenzäpfle, Becks, 11er Zwickl, Hacker Pschorr Weißbier*, sogar *Desperados, Veltins* und *Neumarkter Lammsbräu glutenfrei* (!) zaubern hier die Räusche.
Hier wird die Brauereifreiheit gefeiert. Schweinereien wie Goaßn- und Laterndl-Mass gehören hier ebenfalls zum Standard. Ein guter Laden.

CAPITAN JACK

18

„Des hoaßt Käptn Tschäck."

Vor ein paar Jahren hieß der Laden noch *Sonnenstüberl*, danach *Giasinga*, jetzt heißt er *Capitan Jack*, und in der Ecke, die jetzt mit Automaten und Slot Machines zugestellt ist, stand früher eine gemütliche Sitzgruppe mit Eckbank und Tisch. Ansonsten hat sich außer den *„Fluch der Karibik"*-Plakaten und Piratenflaggen an den Wänden nicht viel verändert.
Doris ist hier die Wirtin, aber als ich vorbeischaute, stand die Sigi, die ehemalige Wirtin des *Fuchsbaus*, hinter der Bar. Der *Fuchsbau*, untergebracht in einem einfachen Flachbau, war für mich als Teenager der Inbegriff des totalen Absturzes. Der *Fuchsbau* wurde leider komplett ausradiert, abgerissen, jetzt steht da ein mehrgeschossiges Wohnhaus.
Als aus der Jukebox *„Heiße Nächte in Palermo"* ertönte, tanzte Sigi Paartanz mit Werner, dem ehemaligen Wirt der *Loamgruam*. Ein schönes Bild.

Pilgersheimer Str. 1 ◆ Tel. 65115311 ◆ M

– Sa 06:00 – 22:00 ◆ Paulaner Flaschenbier 2,60 ◆ Wirt: Kasi

GIESINGER HEIWOOG

19

„Die Heiwoog ist tot – spülma's runter!"

Die Öffnungszeiten der *Giesinger Heiwoog* richten sich nach den Ruhezeiten des Männerwohnheims nebenan, im Volksmund *„Pille"* genannt. Von den zwielichtigen Gestalten, die hier verkehren, hat jeder sein eigenes Bierfilzl mit den Strichen im Karteikasten hinter der Bar, und wenn die Stütze ausbezahlt wird, ist in der *Heiwoog* Zahltag. Die Jukebox läuft stets mit ohrenbetäubender Lautstärke, um den Lärm der Pilgersheimer Straße noch zu übertönen. Die Atmosphäre ist hier unbeschreiblich herzlich und ausgelassen.

Helga ist die gute Seele des Lokals, ein blonder Engel mit üppiger Lockenpracht und ihres Zeichens die Barfrau, die den Sauhaufen hier souverän unter Kontrolle hat. Definitiv eine der Top-Adressen in Untergiesing.

DIE TEGERNSEER LANDSTR.

KAPITEL 3

ÜBERSICHTSPLAN

ZU DEN BOAZN

ZUM PILSHAHN

20

Ich war tatsächlich schon in Wirtshäusern, deren Speisekarten nicht annähernd den Umfang der des *Pilshahns* hatten. Eigentlich mag ich so ein riesiges Überangebot an verschiedensten Gerichten überhaupt nicht, aber die Wacholderschinkennudeln, die ich mir hier einverleiben durfte, waren tatsächlich in jeglicher Hinsicht ein Volltreffer!

Der Wirt Mustafa hat in der Türkei und auf Zypern das Kochen erlernt, seit 35 Jahren ist er nun in Deutschland, seit über 20 bereits im Viertel. Er war vor dem *Pilshahn* der Wirt des nur ein paar Hausnummern entfernten *Otkerstüberls*, dessen Pachtvertrag leider nach über 50 Jahren nicht mehr verlängert wurde und das dem großen Boaznsterben zum Opfer fiel.

Der *Pilshahn* ist nun seit Februar 2010 seine neue Kneipe und nach Aussage des Wirts *„eine Hochburg der 60er“*. Aber das kann vermutlich jede Boazn im engeren Umfeld des Fußballstadions von sich behaupten!

Grünwalder Str. 9 ◆ Tel. 37952968 ◆

äglich 11:00 – o.e. ◆ Augustiner vom Fass 3,00 ◆ Wirt: Nikos

CAFE 23 BAR

21

Die *Cafe 23 Bar* ist ein unspektakulärer, unauffälliger Laden gegenüber vom Stadion und eines der typischen Beispiele dafür, wie Boazn heutzutage aussehen, wenn ein junger, ambitionierter Wirt das Ruder übernimmt, erstmal das ganze alte Klump raushaut und ordentlich durchmodernisiert, bis sich eine vermeintlich schäbige Kaschemme in eine schicke Bar verwandelt hat, oder zumindest in das, was man sich in Giesing unter einer schicken Bar vorstellt.
Als ich dort war, hatte das Lokal dank der holzvertäfelten Theke noch ein bisschen Charme, mittlerweile ist aber auch die verschwunden und es sieht hier aus wie in einer Eisdiele. Eigentlich hätte die *Cafe 23 Bar* damit ihren berechtigten Platz in diesem Buch verspielt, ich lass sie trotzdem drin, als Mahnmal.

A1
BISTRO
22

Viel kann ich über das *A1 Bistro* nicht erzählen, da ich der einzige Gast an diesem Nachmittag war und der Wirt keine Lust hatte, sich mit mir zu unterhalten. Mehr als seinen Namen, und dass er vor dem *A1* eine Kneipe namens *C2* hatte, konnte ich ihm nicht aus der Nase ziehen.
Das *A1* hat vier Dartautomaten.

Tegernseer Landstr. 155 ◆ Tel. Ø ◆ Mo – Fr 12:00 – 22:(

0, Sa 10:00 – 22:00 ◆ Paulaner vom Fass 2,80 ◆ Wirtin: Sabrina

BACCHUS STÜBERL

23

Hier ist leider kürzlich renoviert worden, aber anscheinend war's wohl wirklich notwendig, weil das altehrwürdige *Bacchus Stüberl* vor lauter Schimmel fast zerbröselt wäre. Aber abgesehen von dem bescheidenen optischen Eindruck, den das *Stüberl* macht, ist es hier schon recht griabig. Seit kurzem ist Sabrina die neue Wirtin, doch meistens steht ihre Mutter hinter der Theke, weil Sabrina noch auf die Berufsschule geht. Aber Sabrinas Mutter ist dafür eh prädestiniert: Über fünfzig Jahre lang schenkte sie im *Paulaner Fassl* aus, eine kleine Bierkneipe in der Au, die letztes Jahr leider auch schließen musste.

Sehr zu empfehlen ist das Griebenschmalzbrot, das Schmalz macht eine Freundin selbst.

CAFE MÜNCHEN

24

Das *Cafe München* ist quasi ein zum Ballsaal mutiertes Riesenstüberl. Mit einer geschätzten vier Meter fünfzig hohen und mit Furnier getäfelten Decke und einer großen Tanzfläche in der Mitte, über der ein Mordstrum von einem Ventilator hängt, ist das Cafe München eine der großen Ausnahmeerscheinungen in der Obergiesinger Kneipenlandschaft. Um die Tanzfäche sind Tischchen und Sitzgruppen angeordnet, und die Bar erinnert an eine Après-Ski-Partyhütte. Vermutlich sind Parties auch das, worauf diese Räumlichkeit angelegt ist. Das *Cafe München* kann jederzeit für Feiern und Feste angemietet werden. Ein gemütliches Stüberl ist es jedenfalls sicher nicht.

Tegernseer Landstr. 119 ◆ Tel. 69778377 ◆ tä

glich 09:00 – 23:00 ◆ Augustiner vom Fass 2,80 ◆ Wirt: Cetin

AUGUSTINER STÜBERL

25

Wegen den paar Stufen, die man emporsteigen muss, um ins *Augustiner Stüberl* zu gelangen, wird diese Boazn im Volksmund auch *„'as Trepperl"* genannt. Im Schaufenster steht ein außergewöhnlicher Wolpertinger, der eher an die grotesken Wasserspeier gotischer Kathedralen erinnert als an die üblichen süßen Viecherl, die sie in den Touri-Shops verscherbeln.

Innen lädt eine angenehm biedere Einrichtung zum Verweilen ein, dunkle Brauntöne harmonieren mit den nikotingelben Wänden, an denen sich bis vor kurzem noch die Urkunden der Watt-Turniersieger vergangener Dekaden reihten und andere Kuriositäten, wie zum Beispiel der Gutschein der Paulaner-Brauerei, ausgestellt für einen gewissen P.K. zur Pension: 100 Freibier in einer Kneipe seiner Wahl zum abstempeln auf dem Brief. Wenn man der Legende glauben schenken darf, hatte er die 100 Biere binnen einer Woche hier vernichtet, Respekt.

Summa summarum: ein gemütliches Plätzchen, an dem man gerne versumpfen möchte.

KASTANIEN KLAUSE

26

Die *Kastanien Klause* ist ein kleiner Flachbau auf einer Verkehrsinsel, umrauscht von den unzähligen Autos der Tegernseer Landstraße und der Martin-Luther-Straße. Sie liegt allerdings eingebettet in einem Dschungel aus Kastanienbäumen und anderem Grünzeug, so dass man von dem vor ihren Türen tosenden Verkehrslärm so gut wie gar nichts mehr hört, unglaublich, aber wahr.

Man sitzt behaglich im Schatten der Kastanien im reizvollen, stilecht mit Kies angelegtem Biergarten, schräg hinterhalb des Flachbaus, und Wirt Ali steht wie ein Familienvater am Grill und macht den Grillmeister. Er fragt sich, warum das Geschäft nicht so gut läuft, aber wer in Giesing Bier für drei Euro an den Mann bringen will, gilt ja schon als Wucherer. Da ist die preisgünstigere Konkurrenz einfach zu stark.

Aber wem das nichts ausmacht, und wer einen Sinn für schöne Biergärten und gutes Grillfleisch hat, der ist hier goldrichtig.

Martin-Luther-Str. 9 ◆ Tel. Ø ◆ Mo – Sa 12:0

0 – o.e. ◆ Augustiner vom Fass 2,70 ◆ Wirte: Tony und Doris

TONY'S STÜBERL

27

Zum Tony's Stüberl steht groß vorne dran und Wirt Tony würde jeden Klugscheißer, der zur Tür reinkommt und das Korrigieren anfängt, am liebsten sofort wieder nach draußen befördern. Das Schild ist auf ein Missverständnis im KVR zurückzuführen und nun hat er den Salat. Aber ich finde *Zum Tony's Stüberl* eigentlich sehr charmant. Zusammen mit seiner Frau Doris hat er lange Jahre gegenüber im *Augustiner Stüberl* (S.85) gearbeitet, bevor sie sich hier nun selbständig machten.
Tony's Stüberl war früher als *The Other Place* in ganz München bekannt, hier trafen sich die *Hell's Angels*, und ihre Maschinen standen in Reih und Glied vor dem schmalen Flachbau. Dann gab es Konflikte mit dem Gesetz, Leute kamen in den Knast oder wurden umgebracht, keine Ahnung, ich weiß auch nicht. Jedenfalls ist der Vizepräsident der *Hell's Angels*, der früher der Besitzer war, es heute nicht mehr.

CAFE BISTRO BEI LILI

28

Das *Cafe Bistro bei Lili* habe ich sogar zweimal besucht, aber die schöne Lili habe ich leider weder beim ersten noch beim zweiten Mal angetroffen. Ich kenne nur ihr Foto, das die Regalwand hinter der Bar schmückt. Hinter dieser Bar stand auch beide Male ihr Vater, ein rüstiger Kosovo-Albaner, der in Sachen Mode und Musik offenbar Gefallen am Hip Hop gefunden hat.

Das schummrige Lichtkonzept, die roten Wände und die vielen Fotos weiblicher albanischer Popstars geben dem *Cafe Bistro bei Lili* ein ziemlich puffiges Flair. Hinzu kommt ein Foto von Marylin Monroe, welches in den unterschiedlichsten Größen vervielfältigt den Tresen und die Wände ziert, warum auch immer.

In jeder Hinsicht ein ganz schön grotesker Laden.

Weinbauernstr. 16 ◆ Tel. 6912013 ◆ Di – So 09:0

– o.e. ◆ Augustiner vom Fass 2,60 ◆ Wirte: Peter und Uschi

KÄRNTNER STUBEN

29

Die Wirtsleute Uschi und Peter haben schon reichlich Erfahrungen in der Gastronomie gesammelt, früher hatten sie Wirtschaften in Pasing, Murnau und auch Giesing. Seit ein paar Jahren betreiben sie nun hier die *Kärntner Stuben.* Davor hieß der Laden *Weinbauern-Stub'n* und wurde von einem gewissen Indianer-Charly geführt, der Mann war eine Legende in Giesing.
In der *Stuben* hängt der angenehme Mief vergangener Zeiten, das mochte ich, auch wenn ich beim Stichwort Kärnten immer an Jörg Haider denken muss. Aber dafür kann ja die Kneipe nichts.
Einen Bonuspunkt gibt's für den schönen, gezwirbelten Schnurrbart vom Peter.

GASTHAUS ALT GIESING

30

*„Hi, ich bin Reinhard.
Reinhard, weich raus.“*

Das *Gasthaus Alt Giesing* ist definitiv kein Gasthaus (mehr). Auf die Frage, was es denn zum Essen gäbe, antwortete mir die Bedienung Vroni (*„mal oben mit mal ohni“*): *„Do muaß i z'erstamoi schaung, wos no so ois im Kuihschronk is“*. Tatsächlich ließ sich dann sogar noch ein Paar Wiener auftreiben.

Aber dass das hier kein echtes Gasthaus ist, macht gar nichts, im Gegenteil. Ein Gasthaus würde hier ja nicht drin stehen. Das *Gasthaus Alt Giesing* ist vielmehr das Mutterschiff der Obergiesinger Boazn. Es hat freilich die Größe eines Wirtshauses, aber tatsächlich ist es einfach nur ein überdimensioniertes Stüberl, und ein gutes noch dazu, hier läuft nämlich Jodelmusik von CD und nicht Radio Arabella. Außerdem gibt's immer an einem Freitag im Monat Mottoparties, bei denen's dann so richtig rund geht. Ich sag nur: *„Beach Party!“*

Herzogstandstr. 24 ◆ Tel. 52032303 ◆ Di – Fr 16:00 – o.e.,

a, So 17:00 – o.e. ◆ Augustiner vom Fass 3,10 ◆ Wirt: Fotios

HERZOG'S

31

Das *Herzog's* ist das ehemalige *Con-Tact*, eine Kneipe die damals Helga vom *Zauberwürfel*, heute *Tony's Stüberl* (S. 89), und Lydia vom *Down Town* (S. 36) gemeinsam betrieben, bevor sie sich im Streit trennten und den Laden mit dem seltsamen Namen aufgaben. Aber man sagt ja nix, man red't ja nur.

Jetzt ist Fotios der neue Wirt, ehemals Wirt der nahen *Herzog Stub'n*, noch so eine kleine Boazn, die heute leider Geschichte ist.

Ich weiß nicht so recht, was das *Herzog's* sein soll, aussehen tut's jedenfalls wie eine Boazn mit kitschiger, maritimer Deko („*Na, des is mediterran!*"), aber hier sind tatsächlich Schnecken auf der Speisekarte!

DIE KLEINE KNEIPE

32

Einst war *Die Kleine Kneipe* ein Imbiss-Standl, das die Ichoschüler von gegenüber mit belegten Semmeln versorgte. Seit rund 35 Jahren aber ist es nun schon eine Boazn, erst hieß sie *Werner's Treff*, dann *Rosi's Treff* und so weiter, heute heißt sie *Die Kleine Kneipe*. Und sie ist schon ein wirklich putziger Anblick, denn wie ein Standl schaut sie ja immer noch aus, ein kleines rotes Holzhäuschen, schlicht wie die Zeichnung eines Kindergartenkindes.

Als Schmankerln werden hier Wiener und Debreziner angeboten, 1,90 das Paar. Außerdem kann man hier den Löschzwerg trinken (0,3l für 2,00), das Erzeugnis einer kleinen Brauerei aus der Augsburger Gegend, das bekommt man ja auch nicht überall.

Tegernseer Landstr. 82 ◆ Tel. 69372284 ◆ Mo – Fr 11:00 – 01:00, Sa, 11

00 – 15:00, 20:00 – o.e. ◆ versch. FB 2,90 – 3,20 ◆ Wirtin: Gabi

SCHAU MA MOI

33

„Giesing is a Feeling."

Früher gab's im *Bratwurst Glöckl* das, was der Name verspricht, seit 1997 aber heißt die Kneipe in dem kleinen Flachbau mit dem schönen Biergarten daneben *Schau Ma Moi*. Unter Wirtin Gabi hat sich das kleine Biotop, welches sich im Besitz des Plattenlabels *Trikont* befindet (selbiges residiert im Rückgebäude) zu einem kleinen Exoten in Obergiesing gemausert.
Hier ist alles ein kleines bisschen anders: die Speisekarte hat auch Ausgefalleneres als Leberkäs zu bieten, und hier laufen noch Mixtapes (!) von Albert, stadtbekannter Musiker, DJ und Boss des Plattenlabels *Echokammer*, der im Übrigen ebenfalls im *Schau Ma Moi* arbeitet. Es weht ein Hauch von Avantgarde durch den Raum, wenn hier Künstler, Musiker und Architekten zusammen mit Bauarbeitern und Hobbyfußballern einen heben. Und zum Glück gibt's auch hier das süffige Bier von *Giesinger Bräu*!

GIESINGER ALM

34

Die *Giesinger Alm* hieß früher *Zapfmeister* und wurde von zwei alten Frauen geführt. Ich persönlich habe diese Zeiten nicht miterlebt, aber so erzählte es mir Rajko, der jetzige Wirt. Rajko ist ein kugelrunder, lustiger Kroate, der seit gut 35 Jahren in Deutschland lebt und hier als *„Kellner in besseren Häusern"* angefangen hat. Seine Kneipe ist gemütlich-rustikal eingerichtet, die Deko erinnert ein wenig an Erntedankfest. Eine der Spezialitäten des Hauses ist Schweinebraten, den gibt's aber nur auf Bestellung. Ein freundliches Lokal.

Zugspitzstr. 19 ◆ Tel. Ø ◆ tägl

:h 17:00 – 05:00 ◆ versch. Flaschenbiere 2,50 ◆ Wirt: Angelo

Bar Angelo
35

Bis vor kurzem hieß die kleine Boazn allen Ernstes *Volltreffer Guantanamera Bar*, damit hatte sie das Rennen um den absurdesten Kneipennamen in Giesing wohl für sich entschieden.
Hier fällt einem sofort die ungewöhnliche Einrichtung auf: türkis-schwarz getäfelte Wände und Spiegelmuster an der Bar lassen schon ein bisschen Südseeromantik aufkommen. (*Guantanamera*!)
Der Sonnenschirm vor der Tür ist von *Paulaner*, die Biergartengarnitur darunter ist von *Löwenbräu* und die Gläser sind von *Spaten*, aber ausgeschenkt wird hier dann doch *Augustiner* aus der Flasche. Es gibt aber auch andere Flaschenbiere.
Die Bedienung hatte eine süße Zahnlücke.

PAULANER KRUG

36

Der *Paulaner-Krug* hat einen neuen Wirt mit einer lustigen Frisur. Früher war die Küche hier nicht gerade hochwertig, die umfangreiche Speisekarte wurde nun auf Quetschtoast reduziert.

Dass hier abends für die 0,4-Preußenhalbe satte 3,10 Euro verlangt wird, ist für Giesinger Verhältnisse eher hochpreisig.

Der *Paulaner-Krug* punktet allerdings dafür mit einem wirklich charmanten Ambiente á la Hafenkneipe und einem guten Birnenschnaps aus Österreich, 25 Jahre lang im Eichenfass gereift. Und die Bedienung war auch sehr nett. Punkt.

Tegernseer Landstr. 34 ◆ Tel. Ø ◆ täglich

10:00 – 01:00 ◆ Paulaner vom Fass 2,80 ◆ Wirt: Rainer

BRAUNECK STÜBERL
37

Das *Brauneck Stüberl* ist einer der wenigen Läden, den ich kein zweites Mal besuchen würde. Unlängst einer erbarmungslosen Modernisierungsaktion unterworfen, ist das einzig Urige, was erhalten blieb, der Name. Von der Optik her bekommt man nun einen gesichtslosen, aalglatten Coffeeshop als Kneipe verkauft. Im Übrigen auch das einzige Lokal, in dem ich keine Fotos schießen durfte.
Einst gab's hier mal das günstigste Bier von ganz Obergiesing, da kann man sich schon vorstellen, wie's hier gebrummt hat, und auch heute scheint das Geschäft noch gut zu laufen, denn schlecht besucht war das *Brauneck Stüberl* keinesfalls.
Ich hab hier das Saure Züngerl probiert. Den Fehler mach ich sicher nicht nochmal.

BIERSCHÄNKE BAUERNGIRGL

38

Für den kolossalen Namen und die Optik verdient die *Bierschänke Bauerngirgl* die Note Eins. Allein deswegen lohnt es sich schon, hier mal reinzugehen. Highlights sind die spektakuläre Holzdecke, die in ihrer Dynamik etwas an die eines evangelischen Gotteshauses erinnert, sowie die Pissoirs und Waschbecken aus kackbrauner Keramik. Sowas hatte ich noch nie zuvor gesehen.

Der Wirt Günther war mir gegenüber zunächst nicht gerade aufgeschlossen, aber vermutlich ist das hier einer dieser Schuppen, in denen man Stammgast sein muss, um respektiert zu werden. Gesundes Misstrauen Fremden gegenüber und so.

Mir hat's hier trotz oder vielleicht auch wegen der etwas rauen Atmosphäre recht gut gefallen, und wenn man dem Geschwätz aus den umliegenden Boazn Glauben schenken darf, gibt's im *Bauerngirgl* auch mal ab und an zünftige Schlägereien. Was will man mehr!?

IM NIEMANDS-LAND

KAPITEL 4

ÜBERSICHTSPLAN

ZU
DEN
BOAZN

SCHARFREITER ALM

39

Die Gegend um den Giesinger Bahnhof ist leider keine typische Bahnhofsgegend. Zwielichtige, düstere Boazn sucht man hier echt vergebens, stattdessen dominieren mausgraue Mietskasernen, nur unterbrochen von Billig-Discountern, Automaten-Casinos und türkischen Männerclubs das Straßenbild.

Der Giesinger Bahnhof ist für den Stüberl-Liebhaber quasi eine Wüste. Umso erfrischender erscheint einem dann diese Oase: die *Scharfreiter-Alm*.

Versteckt am äußersten Zipfel des Trambahnnetzes, zwischen monotonen Wohnblocks und von der JVA Stadelheim nur einen Steinwurf entfernt, steht sie da, in einer ehemaligen Garage untergebracht. Typisch krachledern mit sehenswerter Almöhi-Galerie und dem altbekannten Trödel an den Wänden.

Man wird hier mit Wienern, Pfälzern, Debrezinern, scharfen Krainern und Presssack verwöhnt, leider hat sich auch Pizza auf die Speisekarte geschlichen. Wie die in das Konzept passt, ist mir schleierhaft, aber naja. Schöner, kleiner Biergarten anbei!

Perlacher Str. 100 ◆ Tel. 0151-63823345 ◆ tä

lich 06:00 – 05:00 ◆ Augustiner vom Fass 2,50 ◆ Wirt: Muzo

CAFE BEI MUZO

40

Man hat im *Cafe bei Muzo* das Gefühl, man befände sich in einem Landhausmöbelgeschäft oder in einer finnischen Sauna. Alles, wirklich alles, von den Wänden über die Tische bis hin zur Bar ist aus demselben Naturholz im gleichen, hellen Braunton. Das einzige, was hier nicht aus Holz ist, sind die Dartautomaten. Absolut nicht mein Geschmack, aber nett war's hier trotzdem.

Seit kurzem ist Muzo hier der Wirt und hat es geschafft, ein bayerisch-türkisches Flair hier reinzuzaubern. Man kann hier gut essen, türkische Küche jenseits der Dönerbuden, zum Beispiel Tas Kebabi mit Reis und Salat für 7,00 Euro.

Hier habe ich doch tatsächlich meine alte Friseurin Lisa aus Kindertagen wiedergetroffen und bekam von ihr prompt ein Weißbier spendiert.

FASANEN STÜBERL

41

„Bei uns gibt's zur Brotzeit a Bussi von der Wirtin!"

Fasangarten. Ist das noch Giesing? Darüber kann man streiten, oder auch nicht. Als ich jedenfalls bei einer Radltour dieses kleine Schmuckstück entdeckte, war für mich klar, dass das *Fasanenstüberl* auf alle Fälle seinen Platz in diesem Büchlein finden würde.
Fränki und Gusti leben beide seit 20 Jahren in wilder Ehe und führten auch schon diverse andere Lokale, bevor es sie in dieses Outback verschlug.
Die Einrichtung ist niedlich-rustikal wie bei Oma und Opa, mit frischen Schnittblumen auf den Tischen, stoffbespannten Lampen und Spitzweg an den Wänden. Von der Tür aus linkerhand befindet sich das *„Bayerneck"*, rechterhand das *„Preußeneck"*, so bekam ich das von Fränki erklärt. Er und Gusti reißen scheinbar ganz gern noch ein paar Zoten, aber genau so muss das sein.
Das *Fasanenstüberl* ist auf alle Fälle die kleine Reise an den Stadtrand wert!

NACHWORT
DES AUTORS

Liebe Leserinnen und Leser,

Ich hoffe, Ihnen hat diese Lektüre die Augen und ein paar Türen geöffnet!

Mir ist klar, dass dieses Büchlein nicht nur und jedem Freude bereiten wird. Die einen werden sich ärgern, dass ihr sorgfältig gehüteter Geheimtipp preisgegeben wurde, andere werden sich vielleicht darüber erbosen, dass ich schlecht oder unvollständig über ihr geliebtes Stammlokal geschrieben habe. Ich habe mich redlich bemüht, nach bestem Wissen und Gewissen die Boazn zu beschreiben, auf Objektivität habe ich jedoch ganz bewusst verzichtet. Wenn in einer Kneipe die Stimmung schlecht und der Wirt ein mundfauler Hafer war, der nicht mit mir reden wollte, dann kann ich nicht anders, als das so zu vermerken.

Freilich, jeder Laden hat seine Höhen und Tiefen, und wenn ich mal einen schlechten Tag erwischt habe, dann kann man das nur bedauernswertes Pech nennen. Aber was würde letzten Endes ein kritikloser Kneipenführer bringen? Eben! Im Endeffekt muss sich jeder selbst sein eigenes Bild machen. Im schlimmsten Falle aber finden Sie ihre Boazn überhaupt nicht in diesem Führer. Das könnte dann daran liegen, dass ich sie leider nicht gefunden habe, oder aber, dass sie sich nicht in Giesing befindet. Oder daran, dass sie schließen musste.

R.I.P.

Giesinger Heiwoog, Pferdehalfter, Fuchsbau, Volltreffer, P48, Kärntner Stuben, Pilgersheimer Klause, Extrawurst, Hacker Krug, Burg Pilgersheim, Pferdehalfter, Giesinger Garterl, Cafe München, Dubliner, Bierdeifi, Herzog Stub'n, Haumdaucher, Giesinger Pilshahn, Otkerstüberl und all die schönen Kneipen, die ich noch nicht einmal kennenlernen durfte.

Der geneigte Leser wird feststellen, dass ein paar der oben genannten Boazn noch in diesem Führer erfasst sind – das liegt daran, dass sie zum Zeitpunkt meiner Recherche im Sommer 2011 noch existierten. Ich habe mich dazu entschieden, sie dennoch zu erwähnen, da sie es verdient haben. Sie sind mit einem schwarzen Trauerband gekennzeichnet.

Sollten Sie, lieber Leser, bei Ihrer Tour eine der hier aufgeführten Boazn nicht mehr vorfinden, so müssen Sie einsehen, wie schnelllebig unsere Zeit geworden ist. **(Für diesen Fall sind Trauerbänder zum Selbsteinkleben beigelegt!)** Es empfiehlt sich daher, gegebenenfalls vorher im Lokal anzurufen. Auch wenn man zu später Stunde noch ein Bierchen trinken will, sollte man eventuell einen Anruf tätigen, denn an ihre eigenen Öffnungszeiten halten sich die wenigsten. Eine Telefonnummer habe ich, wenn möglich, in Erfahrung gebracht.

Angenehme Früh- und Dämmerschoppen, Pausen- und Feierabendbiere wünscht Ihnen

Ihr Max Bildhauer

P.S.: Ich bin für jede Kritik, Frage oder Information offen und dankbar. Scheuen Sie sich also nicht, mir eine Mail zu schreiben: *maximilian.bildhauer@volkverlag.de*

DER STEHAUSSCHANK – VERSUCH EINER KULTURELLEN EINORDNUNG

VON KARL GATTINGER

Die Münchner Gastronomie und ihr Ruf in der Welt leben von ihren Flaggschiffen: das Hofbräuhaus am Platzl, die viel beschworenen Biergärten, das 70er-Jahre-Unikat des Gourmet-Tempels Tantris in Schwabing, der Fernseh-Meisterkoch Alfons Schuhbeck, fest etablierte Szene-Lokale (Stichwort P1) und, als Weltsensation schlechthin, die Festzelte auf der Wiesn. Dies sind die Aushängeschilder der Stadt, deswegen kommen die Fremden hierher, und gerade deswegen lebt so mancher Münchner gerne in dieser Stadt.

Die große Masse der Lokale macht aber auch in München jener Typus aus, den man eher mit den Arbeiterstädten des Ruhrgebiets als mit der leuchtenden Kunststadt München in Verbindung bringt: Gemeint ist die einfache Kneipe, das Bierlokal, der Stehausschank, also das, was der Schweizer Beiz, der Österreicher Beisl und der Wiener Tschecherl (als das Zuhause des Tschecheranten) nennt. Woher der hier in diesem Buch für solcherart Lokale verwendete Begriff Boazn stammt, ob er ein städtischer und zumal Münchner Ausdruck ist oder ob er eher auf dem Land Verwendung findet, ist ungeklärt. Andreas Schmeller jedenfalls, Verfasser des nach wie vor einschlägigen Bayerischen Wörterbuchs von 1827/37, kannte den Begriff nicht, das aktuelle Nachfolgewerk, das von der Bayerischen Akademie der Wissenschaften herausgegebene Bayerische Wörterbuch, verzeichnet unter Beiz ein „verrufenes Lokal, Kneipe, schlechtes Wirtshaus, Schlupfwinkel" und nennt hierfür Belegstellen ausschließlich aus ländlichen Gebieten in Altbayern. Als sicher gilt, dass sich Boazn von dem hebräischen Wort ha-bajit = das Haus ableitet; angeblich drang es dann über das Altgriechische baité = Hirtenhemd (wohl im übertragenen Sinn als eine Art schützende Behausung) bis in die Tiroler Berge vor und wurde dort zum Pfoad bzw., wiederum in der übertragenen Bedeutung als Schutzhaus, zu baita. In den nordalpinen Gegenden Italiens heißt die Schutzhütte nach wie vor la baita, und die Funktion des Schutzraums, des sicheren Rückzugsortes vor den Unbillen der Welt draußen, ist es wohl auch, was eine Boazn vor allem anderen auszeichnet.

Im Vergleich zum Gasthaus, einer der ältesten Zivilisationseinrichtungen der Menschheit überhaupt, ist der Stehausschank ein noch sehr junger Lokaltyp. Die Entwicklung vom großen, zumeist das Ortsbild prägendem Gasthaus als einem Ort der Verköstigung mit Speis und Trank für jedermann über die auf den Verzehr von Getränken spezialisierte Schankwirtschaft hin zum Stehausschank, einem wohnzimmerartig kleinem Gastraum überwiegend zum Trinkgenuss, verlief in Übergängen. Diese ausschließlich im städtischen Umfeld beheimateten Lokale sind wohl eine Begleiterscheinung des im 19. Jahrhundert mit voller Wucht eintretenden Industrialisierungsprozesses, der mit einer bis dato nicht gekannten Verstädterung der europäischen Lebenswelt einherging. Dieser Prozess, der seinen Anfang auf den britischen Inseln nahm, erreichte im ausgehenden 19. Jahrhundert schließlich auch Bayern, dessen Städte in dieser Zeit einen enormen Zuwachs verzeichneten. München zum Beispiel, 1854 mit dem 100.000stem Einwohner auch offiziell zur Großstadt geworden, wuchs zwischen 1871 und 1914 um das fast Vierfache auf rund 650.000 Menschen an. Die große Masse der in die Städte strömenden Menschen waren oder wurden Arbeiter, die ihre Unterkunft in eigens hochgezogenen Wohnquartieren fanden. Diese am Ende des 19. Jahrhunderts entstandenen Arbeitervorstädte

wurden zum geeigneten Nährboden der einfachen Bier- oder eben Arbeiterlokale – eine Entwicklung, die sich heute noch an der simplen Feststellung ablesen lässt, dass es etwa in Giesing oder Sendling weitaus mehr Stehausschänke gibt als in Bogenhausen oder Solln.
Der Stehausschank ist ein in sich geschlossenes Milieu, ein Mikrokosmos, dessen Kulturform bisher in erster Linie anhand soziologischer Fragestellungen hinterfragt wurde. In ihm lassen sich die unterschiedlichsten Aspekte des menschlichen Miteinanders beobachten, die Gesprächskultur etwa reicht von simplen, unendlich wiederholten Kartensprüchen über die Viel- oder Einfältigkeit von Stammtischdebatten (die sogenannte Stammtischphilosophie) bis zu homerischen Streitgesprächen, an denen sich wiederum Formen sozialer Integration oder Ausgrenzung ablesen lassen; und gerade auch der in jedem Stehausschank gleichermaßen herrschende Trinkzwang – wobei die Qualität der Getränke eine eher untergeordnete Rolle spielt und selbst die ausgeschenkte Brauerei den meisten Konsumenten weit weniger wichtig ist als das soziale Umfeld aus Wirt, Personal und Gästen – eröffnet in seiner bewussten oder unbewussten Umsetzung mit einer ganzen Reihe von Trinkmustern und -ritualen, Gesten und Gebärden ein eigenes, weites Feld insbesondere unter volkskundlichen Gesichtspunkten.

Von besonderem Interesse ist auch die Einrichtung. Elementar für den Stehausschank ist der Tresen, an dem man stehend oder auf hohen Barhockern sitzend seine Getränke zu sich nimmt. Die zunächst als Barriere gedachte Grenze zwischen Gast und Wirt tauchte zuerst in London auf, sie kam, bildlich nachweisbar bereits in den 1840er Jahren, in den dortigen Gin Palaces auf und diente in erster Linie zur Vereinfachung und Beschleunigung des Austauschs von Geld gegen Gin.

Die Ausstattung eines Stehausschanks reicht von karg bis überladen, in München eine besondere Rolle spielen bajuwarisierende Darstellungen aller Art, von Biergläsern, Maßkrügen und Bierfässern über König-Ludwig-Devotionalien und den üblichen Wiesn-Accessoires bis hin zu selber gebastelten Maibaum-Attrappen. Postkarten aus aller Herren Länder bringen die weite Welt ins Lokal, Embleme und Fahnen des örtlichen Fußballvereins verorten es wiederum im eigenen Stadtviertel.

Weitere Aspekte zur kulturellen Einordnung des Stehausschanks könnten etwa die soziale Zusammensetzung der Gäste (zumeist relativ geschlossen) sein, die unterschiedlichen Begrüßungs- und Verabschiedungszeremonielle, die Beziehung zwischen Wirt/Personal und Gästen bzw. zwischen den Gästen untereinander, die Art der Musikuntermalung, von der einfachen Radiobeschallung über die Jukebox bis hin zum Selbermusizieren von Gästen oder Wirt, das Spieleangebot vom Kartenspiel über den Kicker bis zum Dart-Automaten und vieles mehr.

In der Wahrnehmung Außenstehender schwankt der Stehausschank zwischen Feierabendidylle und gemütlicher Geselligkeit auf der einen Seite, zwischen enthemmtem Alkoholismus und dumpfer Spelunkenhaftigkeit auf der anderen Seite. Für die Gäste selber aber ist er wohl tatsächlich einfach nur „die kleine Kneipe in unserer Straße, in der das Leben noch lebenswert ist“ (Peter Alexander), und gerade als solche sind die Stehausschänke tatsächlich ein wesentlicher Bestandteil der städtischen Alltagskultur.

DANK AN

FLO, AFFE, BERNIE,
MOSES, GRAHAM, SIGI,
STEFFI,
LO,
STEPHAN, CARINA, THERRY,
SARAH, TONDA, BENNI, JANIS,
ROSI, SUSI, MARIA,
THOMAS AUGUST,
LOBI,
THERESA,
BERND, HELGA,
NICK, ARLO
SEPPI, ANDI, GIOVANNI,
DIETER, KARTOFFELMIKE, GIUSEPPE,
GÜNTHER, MAX UND DIE
AKTIONSGRUPPE UNTERGIESING

Die Deutsche Bibliothek verzeichnet diese Publikation in der Deutschen Nationalbibliografie; detaillierte bibliografische Daten sind im Internet über http://dnb.ddb.de abrufbar.

2. aktualisierte Auflage 2014
2012 by Volk Verlag München
Streitfeldstraße 19; 81673 München
Tel.: 089 / 420 79 69 80; Fax: 089 / 420 79 69 86

Druck: Kösel, Krugzell

ISBN 978-3-86222-084-7
www.volkverlag.de